英語で地球をわくわく探検

みんなで取り組む3R ②

ごみを再利用する

Reuse

Read and Learn
the World in English

英語で世界を読む、学ぶ

小澤紀美子 著
スーザン・マスト 訳

② Reuse
3R
① Reduce
③ Recycle

JN079080

Jリサーチ出版

音声ダウンロード付

はじめに

　みなさんはご自分の住んでいる地域（市・町・村）で各家庭や飲食店などから排出されるごみの量がどれくらいかご存じですか。一人当たり一日約900グラムです。住んでいる地域で回収の仕方が異なりごみの出る量も違いますので、調べてみてください。

　よく３R（スリーアール）といわれます。このRは英語の略字です。この第２巻では、３Rのうち英語でReuse（ごみを再利用する・くり返して使う）のことを学びます。出てくるごみを「ごみ」にせずに再利用して、くり返して使っていくことが大切です。そのことがごみを減らすことにもなるのです。

　英語で学ぶってむずかしいと思いますか？安心してください。この本は、楽しみながら英語を覚えていけるようにつくっています。ヒロトとサクラと一緒にごみを減らすことの大切さを学びましょう。

　また、この本では、たくさんのイラストを用いています。イラストを楽しんでいるうちに英語が目から耳から入ってきます。意味が分からない時は、単語リストやページ下の日本語訳も使ってください。自分が読みやすい方法で読んでいきましょう。

　私たちの暮らしでは、常に「ごみ」を出しています。世界中の国の人々の暮らしからも「ごみ」が出ています。「ごみ」を通して、世界の人々の暮らしを想像し、「地球が悲鳴をあげない」ように、毎日の私たちの行動と地球との関係をより良くしていきましょう。それには、共通の言葉で共通理解を深めることが、とても役に立ちます。だから、英語を学ぶのです。

　地球の未来は、この本で学ぶ皆さんの力にかかっています。

東京学芸大学名誉教授　小澤　紀美子

Contents もくじ

この本の使い方

ここで紹介する使い方は一つの例です。
イラストから想像したり、単語や日本語訳を確認しながら読んだり…
自分に合った読み方で学習しましょう。

登 場 人 物

ヒロト

小さなぎもんもしっかり調べる
小学生。お気に入りのものが
なかなか捨てられません。

お母さん

ごみの問題についてもの知
りで、買いものには必ずエ
コバッグを持っていきます。

サクラ

ヒロトの妹で、しっかり者の
小学生。

お父さん

リユースの方法をよく知って
いますが、たまに便利な使
い捨ても使ってしまいます。

---

1 まずは、ストーリーのポイントと、キーワードをチェック

音声のトラック番号

ストーリーのポイント
▶お話の流れがまとめられています。

キーワード
▶ストーリーに出てくる大事な単語を
チェック。

マンガの日本語訳は、巻末をチェックしてください。

新しい単語の意味がまとまっています。
※本文で過去形が使われている場合、「現在形(過去形)」で示されています。

3 ストーリーを読み進めよう

日本語がのっています。
※日本語訳の完全版は巻末にあります。

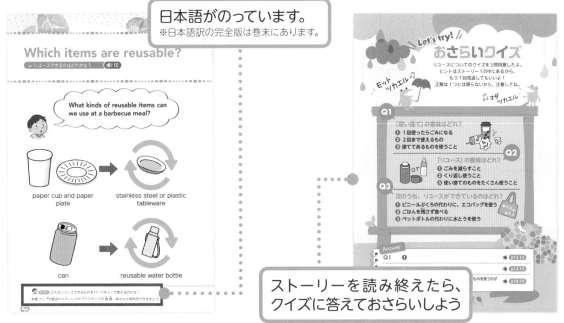

ストーリーを読み終えたら、
クイズに答えておさらいしよう

音声ダウンロードの方法

STEP 1

インターネットで「https://audiobook.jp/exchange/jresearch」にアクセス!

※上記の URL を入力いただくか、本ページ記載の QR コードを読み込んでください。

STEP 2

表示されたページから、audiobook.jpへの会員登録ページへ!

※音声のダウンロードには、オーディオブック配信サービス audiobook.jp への会員登録(無料)が必要です。すでに会員の方は STEP3 へお進みください。

STEP 3

登録後、再度 STEP1 のページにアクセスし、シリアルコードの入力欄に「24840」を入力後、「送信」をクリック!

※作品がライブラリに追加されたと案内が出ます。

STEP 4

必要な音声ファイルをダウンロード!

※スマートフォンやタブレットの場合は、アプリ「audiobook.jp」の案内が出ますので、アプリからご利用ください。

※ PCの場合は「ライブラリ」から音声ファイルをダウンロードしてご利用ください。

 ご注意!

- ● PC からでも、iPhone や Android のスマートフォンやタブレットからでも音声を再生いただけます。
- ●音声は何度でもダウンロード・再生いただくことができます。
- ●ダウンロード・アプリのご利用についてのお問い合わせ先 **info@febe.jp**(受付時間:平日 10 〜 20 時)

◀)) 1

Disposable items and reuse
使い捨てとリユース

ストーリー1のポイント

ヒロトとサクラは家族でバーベキューにきました。

片づけの時間、ごみがたくさん出てしまいます。

ヒロトたちは、なにを捨てたのかな？

なにを捨てなかったのかな？

ごみとごみじゃないものを比べて、理由を考えてみよう。

キーワード

✓ garbage	ごみ
✓ use	使う
✓ disposable	使い捨ての
✓ single use	一回だけ使うこと
✓ reuse	再び使うこと＝リユース
✓ repeatedly	くり返して
✓ convenient	便利な
✓ plastic bag	ビニールぶくろ
✓ paper plate	紙皿
✓ paper cup	紙コップ

Reuse

Reduce 3R Recycle

Garbage of a barbecue

バーベキューのごみ 🔊 2

Hiroto and Sakura have a barbecue meal with their family.

This plastic bottle is empty. This is garbage.

Umm, we will use it again.

They finish eating and clean up. Hiroto puts garbage into the plastic bag. Sakura puts the things into the basket, if they are not garbage.

※ finish ~ing：～し終わる

The plastic bags are full.

Not many things are in the basket.

The plastic bags are full. They put a lot of things into the plastic bags.

Why do we have a lot of garbage?

Which item is garbage?

Which item isn't garbage?

Let's think about it together!

New Words

🔊3

- barbecue meal … バーベキュー
- have …………… 持っている、(食事を)とる
- family ………… 家族
- finish………… 終わる
- eat……………… 食べる
- clean up ……… 片づける
- put into~ ……… 〜に入れる
- garbage ……… ごみ
- plastic bag……… ビニールぶくろ
- basket ………… かご
- use……………… 使う
- again ………… 再び
- plastic bottle … ペットボトル
- empty ………… 空
- full……………… いっぱい
- a lot of………… たくさんの〜
- item ………… もの
- not many ……… 多くない
- think about …… 〜について考える
- together………… いっしょに

What kind of garbage can you find?

> What did we throw away?
> What didn't we throw away?

Garbage

paper cup

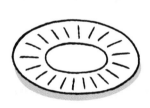

paper plate

plastic spoon and fork

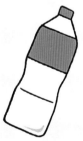

plastic bottle

can

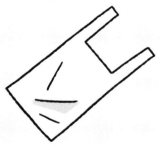

plastic bag

父　なにを捨てたのかな。なにを捨てなかったのかな？

ごみ ➤ 紙コップ、紙皿、プラスチックのスプーンとフォーク、ペットボトル、かん、レジぶくろ

Not garbage

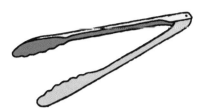

tongs

skewers for barbecue

We threw away those items after a single use.
We can use the tongs and the skewers repeatedly.

New Words

🔊 5

- **paper cup** ………… 紙コップ
- **paper plate** ……… 紙皿
- **plastic** ……………… プラスチックの
- **spoon** ……………… スプーン
- **fork** ………………… フォーク
- **can** ………………… かん

- **single** …………… 一度の
- **use**………………… 使用
- **tongs** …………… トング
- **skewer**……………… 串
- **use**………………… 使う
- **repeatedly**………… くり返して

ごみじゃない ▶ トング、バーベキューの串

 ヒロト これらのものは、一回だけの使用で、捨てたんだね。トングや　は、くり返し使えるね。

Disposable items and reuse

> Paper cups become garbage after a single use.
> These things are called disposable items.
> If we use an item repeatedly, we can reduce garbage. This is called reuse.

Disposable items

Reuse

母　紙コップは一回使用すると、ごみになるね。これらのものは使い捨てのものといわれるよ。
一つのものをくり返し使えば、ごみを減らせるね。これを「リユース」というよ。

使い捨てのもの／リユース

12

Reuse can reduce garbage!

For example, if we use paper cups for breakfast, lunch, and dinner, we will throw away three items. How about if we use a glass?
We can use it until it will be broken. Reuse can reduce garbage.

Reuse is an important idea to reduce garbage.

New Words

🔊 7

● disposable	使い捨ての	● breakfast	朝食
● reuse	再び使うこと	● lunch	昼食
● become	〜になる	● dinner	夕食
● after	〜の後	● How about	〜はどうですか
● reduce	減らす(リデュース)	● glass	グラス
● be called	〜と言われる	● until	〜まで
● throw away	捨てる	● be broken	こわれる
● reusable	再利用できる	● important	重要な
● for example	例えば	● idea	アイデア

 ヒロト リユースは、ごみを減らすための大事なアイデアなんだね。

※コラム "Reuse can reduce garbage!" の日本語は P73 を確認してね。

Why do we use disposable items?

Why do we use a lot of disposable items?
Let's think about the reasons.

I think we use disposable items because they are convenient.

easy to carry

easy to clean up

 父 なんで使い捨てのものを使うのかな？ 理由を考えてみよう。

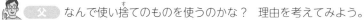
●持ち運びしやすい ●片づけが楽だから

 サクラ 使い捨てのものは便利だから使うんじゃないかな。

Reusable dishes

A paper plate is a disposable item. But breakable and heavy tableware is difficult to use when picnicking. Some tableware can be used many times. They are light and reusable.

stainless steel tableware for hikers.

photo 2

plastic tableware

Disposable items are convenient. But it is important to find reusable items and use them!

New Words

◀)) 9

● Let's	〜しよう	● tableware	食器
● reason	理由	● difficult to	〜することが難しい
● think	〜だと思う	● some	いくつかの
● because	なぜなら	● picnic	ピクニックする
● convenient	便利な	● can	〜できる
● easy to	〜することが簡単	● light	軽い
● carry	運ぶ	● stainless steel	ステンレス
● breakable	こわれやすい	● find	〜を見つける
● heavy	重い		

母　使い捨てのものは便利だね。でも、リユースできるものを探して使うことも大事だね。

※コラム "Reusable dishes" の日本語は P74 を確認してね。

Which items are reusable?

▶ リユースできるのはどれかな？　🔊 10

What kinds of reusable items can we use at a barbecue meal?

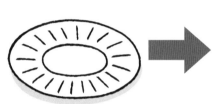
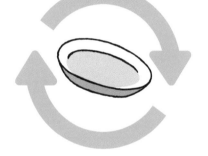

paper cup and paper plate

stainless steel or plastic tableware

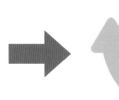

can

reusable water bottle

 ヒロト　リユースできるものでどんなものがバーベキューで使えるのかな？

●紙コップや紙皿➡ステンレスやプラスチックの食器　●かん➡再利用できる水とう

plastic bag

reusable bag and basket

plastic fork and spoon

reusable personal fork, and spoon

With reusable items, we produce less garbage.

New Words

🔊 11

- **kind** ················· 種類
- **water bottle** ········ 水とう
- **reusable bag** ····· エコバッグ
- **personal** ············· 個人用の
- **produce** ············· つくりだす
- **less** ················· より少ない

サクラ リユースできるもので、ごみが少なくなるね。

●ビニールぶくろ➡エコバッグやバスケット
●プラスチックのフォークやスプーン➡再利用できる個人用のフォークやスプーン

Let's try! おさらいクイズ

リユースについてのクイズを3問用意したよ。
ヒントはストーリー1の中にあるから、
もう1回見返してもいいよ！
正解は1つとは限らないから、注意してね。

♪ モットッカエル

♪ マダッカエル

Q1
「使い捨て」の意味はどれ？

❶ 1回使ったらごみになる
❷ 2回まで使えるもの
❸ 捨ててあるものを使うこと

Q2
「リユース」の意味はどれ？

❶ ごみを減らすこと
❷ くり返し使うこと
❸ 使い捨てのものをたくさん使うこと

Q3
次のうち、リユースができているのはどれ？

❶ ビニールぶくろの代わりに、エコバッグを使う
❷ ごはんを残さず食べる
❸ ペットボトルの代わりに水とうを使う

Answer

Q1	❶		➡ p12-13
Q2	❷	①のことを reduce というよ。	➡ p12-13
Q3	❶❸	使い捨てではなく、くり返し使えるものを使うのがリユースだね。	➡ p18-19

Plastic garbage and reuse
プラスチックごみとリユース

ストーリー2のポイント

ヒロトはお母さんと買い物です。
お会計をしていると、レジぶくろが有料(ゆうりょう)になっています。
これはプラスチックごみを減らすための取り組みです。
でも、どうしてプラスチックごみを
減らそうとしているのでしょうか？
プラスチックにはどんなものがあるのでしょうか？
いっしょに考えてみましょう。

キーワード

✓ plastic	プラスチック
✓ plastic shopping bag	レジぶくろ
✓ supermarket	スーパーマーケット
✓ convenience store	コンビニエンスストア
✓ be made of	〜から作られている
✓ environment	環境(かんきょう)
✓ material	素材(そざい)
✓ return to nature	自然(しぜん)にかえる
✓ ocean	海
✓ float	ただよう

Plastic shopping bags and reusable bags

What else do we need?

We also need to buy milk.

Hiroto and his mother go shopping.

Do you need a plastic shopping bag? There is a fee.

I don't need one. I have a reusable bag.

At the cash register, Hiroto notices that plastic shopping bags are not free.

Doesn't the store have money?

This is a new rule.

Why is there a fee for plastic shopping bags? His mother tells him the reason.

A fee is charged for plastic shopping bags to reduce the volume of plastic garbage.

Let's think together about plastic shopping bag waste.

New Words

🔊14

- plastic shopping bag … レジぶくろ
- go shopping ……… 買い物に行く
- else ……………… ほかに
- also ……………… 〜もまた
- need to ………… 〜することが必要
- buy ……………… 買う
- milk …………… 牛乳
- cash register …… レジ
- notice …………… 〜に気づく
- free …………… 無料の
- there is~ ………… 〜 がある
- fee ……………… 料金
- tell ……………… 教える
- money …………… お金
- new ……………… 新しい
- rule ……………… 決まり
- store …………… お店
- volume of ……… 〜の量
- together ………… いっしょに
- waste …………… ごみ

How many plastic shopping bags do you use?

▶ どれくらいのレジぶくろを使っているんだろう？ 🔊 15

> We get a lot of plastic bags from convenience stores and supermarkets. How many plastic bags do we use? Let's look at the numbers.

The volume of plastic shopping bags

In Japan, each person uses about 150 plastic shopping bags in a year.

150

> Wow, we use so many plastic shopping bags!

母 コンビニやスーパーでたくさんレジぶくろをもらっているね。どれくらい使っているのか、数字を見てみよう。

レジぶくろ使用量について➡ 150（枚） 日本では、1年間に一人約150枚のレジぶくろを使っています。

  ヒロト へえ、そんなにたくさんのレジぶくろを使ってるんだね！

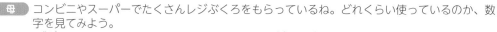

Why should we reduce the volume of plastic shopping bags?

Shopping bags are made of plastic. Plastic shopping bags make up 2% of all plastic waste. It's not very much. However, we use plastic shopping bags every day. If we reduce plastic shopping bags, we can think about plastic waste every day.

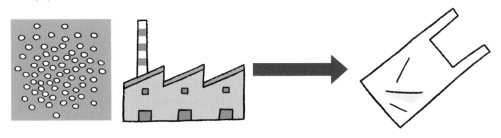

The rule about plastic shopping bags can help reduce plastic garbage.

New Words

🔊 16

● How many	どれくらいの〜	● about	およそ〜
● get	手に入れる	● year	年
● convenience store	コンビニ	● be made of	〜から作られている
● supermarket	スーパー	● make up	〜を作りあげている
● look at	〜を見る	● very much	とてもたくさん
● number	数字	● every day	毎日
● Japan	日本	● help	〜することを助ける

 ヒロト レジぶくろについての決まりは、プラスチックごみを減らすためなんだね。

※コラム "Why should we reduce the volume of plastic shopping bags?" の日本語はP76を確認してね。

Why should we reduce plastic garbage?

なんでプラスチックごみを減らすべきなの？　🔊 17

Why is plastic garbage bad?

Plastic is bad for the environment. It does not return to nature, so it stays in the environment.

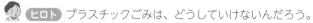

 ヒロト　プラスチックごみは、どうしていけないんだろう。

母　プラスチックは、環境に悪いんだよ。自然にかえらないから、ずっと残ってしまうの。

Plastic garbage in the ocean

photo 3

We use a lot of plastic because it is cheap, light, and durable. Natural materials return to nature and disappear. However, plastic does not return to nature. Plastic in the ocean will continue to float and will have a negative impact on living things.

Animals and fish cannot live safely if there is plastic garbage.

New Words

🔊 18

- **bad** ……………… 悪い
- **environment**……… 環境
- **return to**……………… 〜にかえる
- **nature** ……………… 自然
- **so** ……………… だから
- **stay** ……………… とどまる
- **ocean** ……………… 海
- **cheap** ……………… 安い
- **durable** ……………… じょうぶな
- **natural material** … 自然のもの
- **disappear** ………… 消える

- **however** …………… しかし
- **continue to** ……… 〜し続ける
- **float** ……………… うかぶ
- **negative** ………… マイナスの
- **impact**……………… えいきょう
- **living thing** …… 生きもの
- **animal** ……………… 動物
- **fish** ……………… 魚
- **live** ……………… 生きる
- **safely** ……………… 安全に

 母 プラスチックごみがあると、動物や魚は安全に生きられないんだね。

※コラム "Plastic garbage in the ocean" の日本語は P76 を確認してね。

写真提供／ photo3：NOAA

Let's look for plastic!

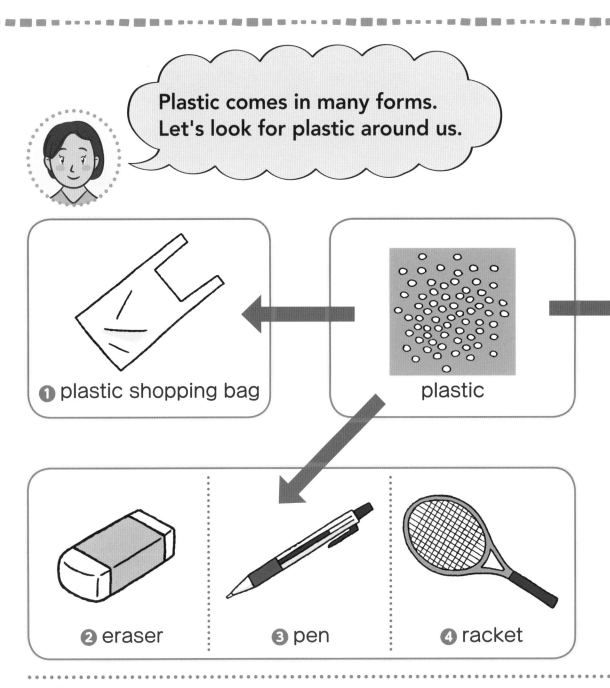

Plastic comes in many forms.
Let's look for plastic around us.

❶ plastic shopping bag

plastic

❷ eraser

❸ pen

❹ racket

母　プラスチックはいろいろな形をしているよ。身の回りのプラスチックを探そう。
プラスチック ▶ ❶レジぶくろ　❷消しゴム　❸ペン　❹ラケット

❺ plastic bottle

❻ plastic cup

❼ food storage container

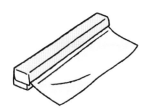

❽ plastic wrap

❾ snack wrapper

❿ shampoo container

We use plastic in many things.

New Words

🔊 20

● look for	～を探す	● food storage container	タッパー
● come in	～であらわれる	● plastic wrap	ラップ
● form	形	● snack	おかし
● around	～の周りに	● wrapper	包そう
● eraser	消しゴム	● shampoo	シャンプー
● pen	ペン	● container	容器
● racket	ラケット		

❺ペットボトル　❻プラスチックのカップ　❼食品保存容器　❽ラップ　❾おかしの包装　❿シャンプーの容器

ヒロト　いろいろなものに使っているんだね。

How can we reduce plastic garbage?

➤ プラスチックは、どうやって減らせるかな？　🔊 21

We really need plastic. How can we reduce plastic garbage?

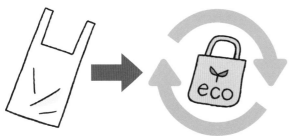

Use reusable bags instead of plastic shopping bags.

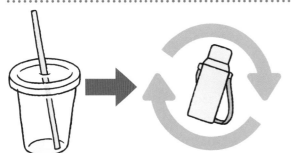

Bring a water bottle instead of buying a drink in a plastic cup.

We can use different materials.

母　プラスチックは本当に必要だよね。どうやってプラスチックのごみを減らせるかな？

●レジぶくろの代わりに、エコバッグを使う。●プラスチックのコップの飲み物を買う代わりに水とうを持つ。

　　ヒロト　異なる素材を使えるね。

Some plastic products are reusable. Let's find some.

Reuse a shampoo container and buy shampoo to refill it.

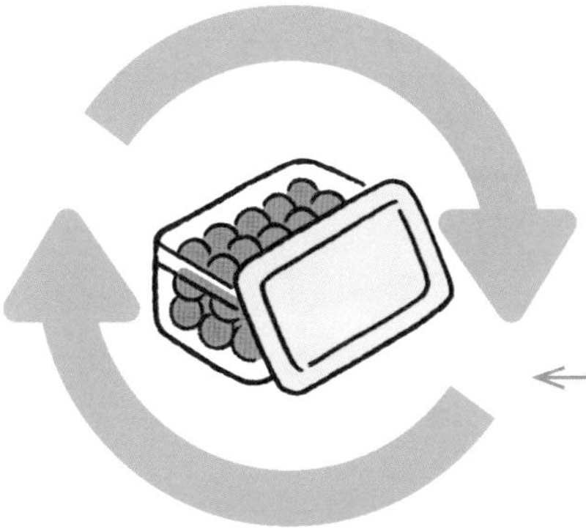

Use food storage containers instead of disposable plastic wrap.

To use things repeatedly, it's also important to take good care of them.

New Words

22

really	本当に	instead of	～の代わりに
bring	持ってくる	product	製品
different	異なる	refill	つめかえる
material	素材	take good care of	～を大切にする

母　一部のプラスチック製品は、くり返し使えるよ。いくつか見つけてみよう。

●シャンプーの容器をリユースし、つめかえ用のシャンプーを買う。　●使い捨てのラップではなく、食品保存容器を使う。

ヒロト　くり返し使うには、大切にこれらを使うことも大事だね。

Let's try! おさらいクイズ

リユースについてのクイズを
3問用意したよ。
ヒントはストーリー2の中にあるから、
もう1回見返してもいいよ！

Q1 レジぶくろが有料（ゆうりょう）になったのはなんのため？

❶ 店がお金をもうけるため
❷ プラスチックごみを減らすため
❸ 税金をとるため

有料化

Q2 プラスチックごみはどうして減らさなくてはいけないのかな？

❶ 動物や魚が食べてしまうから
❷ プラスチックは自然にかえらないから
❸ レジぶくろが足りなくなったから

Q3 プラスチックでできているものはどれかな？

❶ ラップ　❷ レジぶくろ　❸ ペットボトル

30×50 ●ラップ

Answer

Q1	❷	いつも使っているレジぶくろから、プラスチックごみへの意識（いしき）を変えていこう。	➡ p20-21
Q2	❶と❷	プラスチックは自然にかえらないので、いつまでも土や海の中に残（のこ）ってしまいます。	➡ p24-25
Q3	全部	プラスチックは、さまざまな形になりましたね！	➡ p26-27

Eco-market and reuse
エコマルシェとリユース

ストーリー3のポイント

部屋の片_{かた}づけをしているヒロトとサクラ。
二人は着られない服と、こわれたおもちゃを見つけます。
すると、お父さんが二人をエコマルシェにさそいました。
エコマルシェとは、どんなところでしょう？
使わないものはどうやってリユースできるのでしょうか？

キーワード

✓	eco-market	エコマルシェ
✓	second-hand goods	中古品
✓	user	使用する人
✓	buy	買う
✓	sell	売る
✓	trade	交かんする
✓	broken	こわれた
✓	repair	修理_{しゅうり}する
✓	soiled	よごれた
✓	remake	作り変_かえる

Reuse
3R
Reduce
Recycle

Eco-market and reuse

But it isn't soiled.

This clothing is too small. I can't wear it anymore.

Hiroto and Sakura are cleaning up their rooms. Sakura finds her clothing but it is too small for her.

I like this toy.

But it's broken.

I have a good idea.

Hiroto finds a broken toy. He doesn't want to throw it away. His father has a good idea.

They go to the eco-market. Their father explains about the eco-market.

New Words

🔊 25

- eco-market ……… エコマルシェ
- room …………………… 部屋
- clothing ………… 服
- too ………………… ～すぎる
- small …………… 小さい
- wear ……………… 着る
- anymore ………… もう
- soiled ………… よごれた
- broken …………… こわれた
- father ………… 父
- good ………………… 良い
- like ……………… ～が好き
- go ………………… 行く
- explain …………… 説明する
- place ………… 場所
- shop ……………… お店
- various ……………… いろいろな
- explore ………… 探検する

Let's explore the eco-market! ❶
Look for other users

We are at the eco-market.
These items are all second-hand goods.
What kinds of things are here?

❶ books ❷ clothing ❸ shoes ❹ dishes ❺ toys ❻ towels

 父 エコマルシェに来たよ。これらは全部、中古品なんだ。どんなものがあるかな？

❶本 ❷服 ❸くつ ❹お皿 ❺おもちゃ ❻タオル

What is an eco-market?

An eco-market is an environmentally friendly event. The city holds these events. At an eco-market, you can buy, sell, and trade second-hand goods. If you don't need some items, someone else might use them. Changing users is one type of reuse.

photo 4

I can give my clothing to someone.

New Words

🔊27

- **all** ……………… 全<ruby>て<rt>すべ</rt></ruby>
- **second-hand** ……… 中古の
- **goods** ……………… <ruby>品物<rt>しなもの</rt></ruby>
- **book** ……………… 本
- **shoes** ……………… くつ
- **dish** ……………… 皿
- **towel** ……………… タオル
- **environmentally** … <ruby>環境的<rt>かんきょうてき</rt></ruby>に
- **friendly** ………… やさしい
- **event** …………… イベント

- **city** …………… 市
- **hold** …………… ひらく
- **buy** …………… 買う
- **sell** …………… 売る
- **trade** ………… 交かんする
- **someone** ……… だれか
- **changing** …… <ruby>変<rt>か</rt></ruby>えること
- **user** …………… 使用する人
- **type of** ……… ～の<ruby>種類<rt>しゅるい</rt></ruby>
- **give** …………… あげる

サクラ わたしの服も、だれかにあげることができるね。

※コラム "What is an eco-market?" の日本語は P79 を<ruby>確認<rt>かくにん</rt></ruby>してね。

Let's explore the eco-market! ❷
Repair items

What is this place?

Volunteers are repairing toys. If you bring broken toys, they will repair them.

サクラ　この場所はどんなところ？

父　ボランティアがおもちゃを修理しているよ。こわれたおもちゃを持っていくと、直してくれるんだ。

Repair items !

photo 5

Some volunteers will repair your toys at the eco-market.
It's important to repair things when they break.
For examples, torn clothing can be repaired, and broken bowls can be repaired with gold and lacquer.
When something breaks, try to repair it.

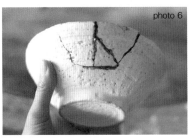

photo 6

> Volunteers will repair my toy!

New Words

🔊29

- **repair** ················ 修理する
- **volunteers** ·········· ボランティア
- **bring** ················ 持ってくる
- **break** ················ こわれる
- **torn** ················ やぶれた

- **bowl** ················ 茶わん
- **gold** ················ 金
- **lacquer** ············ うるし
- **try to** ················ ～してみる

ヒロト ボランティアの人がぼくのおもちゃを修理してくれるね！

※コラム "Repair items!" の日本語は P79 を確認してね。

Let's reuse ① Let's look at home!

Let's look at home!
Do we have any unneeded items?
Why don't we need these items?

Because we don't use them anymore.

clothing

uniform

book

unused towel

bag

父 家の中を見てみよう！ 不要なものは何かあるかな？ どうして必要ないのかな？

もう使わないから 服、制服、本、未使用のタオル、かばん

Because they are broken.

broken bowl	torn clothing	broken toy	furniture with missing parts

Because nobody can use them.

soiled clothing	old newspaper

We have various reasons.

New Words

🔊 31

- look at ·············· ～を見る
- home ············ 家
- unneeded ··········· 不必要な
- uniform ············· 制服
- unused ············ 未使用の
- towel ·············· タオル
- bag ················· かばん

- furniture ················ 家具
- missing ··············· なくした
- part ··················· 部品
- nobody ············· だれも～ない
- old ··················· 古い
- newspaper ··········· 新聞

 ヒロト 不要品には、いろいろな理由があるんだね。

こわれているから ➤ 割れたお皿、破れた服、こわれたおもちゃ、部品がかけた家具
だれも使えないから ➤ よごれた服、古い新聞

Let's reuse ❷
How can it be reused?

We found various items.
How can we reuse these items?
Let's think about it.

If we don't use it anymore, we can find a different user.

 父　いろいろなものを見つけたね。これらのものはどうやったらリユースできるのかな？　考えてみよう。

サクラ　もう使わないなら、ほかの使用者を見つけられるね。

40

If it's broken, we will repair it.

We cannot give away soiled clothing. Nobody wants old newspapers. What should we do with unusable things?

New Words

🔊33

- **find (found)** … 見つける（見つけた）
- **give away** …… ～をあげる（ただで）
- **want** ………… ほしい
- **do with** ……… ～をあつかう
- **unusable** ……… 使えない

 ヒロト こわれたら、修理しよう。

サクラ よごれた服は人にあげられないよ。古い新聞も、ほしい人はいないよね。使えないものは どうすればいいんだろう？

Let's reuse ③
Which items cannot be reused?

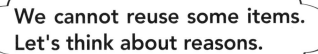

リユースしよう❸　リユースできないものはどれかな？　🔊34

We cannot reuse some items.
Let's think about reasons.

Because the item is soiled,
nobody can use it.

We can remake soiled clothing!

If clothing is too small for you, you can give it to someone. But if the clothing is soiled, nobody can wear it. However, you can remake soiled clothing into rags.

 父　いくつかのものはリユースできないんだ。理由を考えてみよう。

ヒロト　よごれてるから、だれも使えないよ。

 よごれた服を作り変える!▶ 小さくなった服はだれかにあげることができるよね。でも、よごれた服はだれも着られないね。でもじつは、よごれた服はぞうきんに作り変えることができるよ。

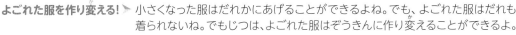

42

Because they are old, and nobody will use them.

We can transform some garbage!

People may not read old newspapers. However, old newspapers are not garbage. We can transform several kinds of items into new things at factories.

Even if you can't reuse something, we can remake or transform these things.

New Words

🔊35

● remake	作り変える	● read	読む
● rag	ぞうきん	● several	いくつかの
● transform	変身させる	● new	新しい
● people	人々	● factory	工場

 サクラ 古いから、だれも使わないよね。

いくつかのごみは変身できる！ 古い新聞は読まないだろうね。でも実は、古い新聞もごみではないんだ。いくつかのものは、工場で新しいものになるんだよ。

 ヒロト リユースできなくても、作り変えたり、変身させたりできるんだね。

Let's try!
おさらいクイズ

リユースについてのクイズを
3問用意したよ。
ヒントはストーリー3の
中にあるから、
もう1回見返してもいいよ！

Q1

次のうち、
リユースはどれかな？

❶ 読み終わった本を別の人にあげる
❷ こわれたいすを修理する
❸ むやみに買わない

Q2 中古品とはなにかな？

❶ だれかが使っていたもの
❷ こわれたもの
❸ 使い捨てのもの

Q3 次のうち、リユースできないものはどれかな？

❶ よごれた服
❷ 新聞
❸ 読み終わった本

Answer

Q1	❶と❷	❸はリデュースのことだね。	➡ p38-41
Q2	❶	自分には不要でも、ほかの人は使うかもしれないね。	➡ p34-35
Q3	❶と❷	読み終わった本は、だれかにあげることができるね。	➡ p42-43

Reuse around town
まちなかのリユース

ストーリー4のポイント

ヒロトとサクラは、閉店^{へいてん}していたはずの銭湯^{せんとう}が、
開いているのを見つけました。
しかし中に入るとおふろはなく、絵がかざられています。
なんで銭湯が美術館^{びじゅつかん}になっているのでしょうか？
まちなかのいろいろなリユースを、
ヒロトたちといっしょに探^{さが}してみましょう。

キーワード

✓ building	建物^{たてもの}
✓ public bath	銭湯^{せんとう}
✓ art gallery	美術館^{びじゅつかん}
✓ transform	変身^{へんしん}する
✓ destroy	こわす
✓ reuse shop	リユースショップ
✓ community	地域社会^{ちいき}
✓ collect	回収^{かいしゅう}する
✓ trash bin	ごみ箱
✓ returnable bottle	リターナブルびん

Reuse
3R
Reduce
Recycle

Let's find examples of reuse around town

Hiroto and Sakura take a walk with their mother. Hiroto notices that the public bath is reopened.

They entered the building, and they are surprised. They cannot find any baths. They can find paintings. The public bath became an art gallery.

Old buildings can be reused for a new purpose. This is also reuse.

We can reuse buildings, too!

Their mother tells them about the reuse of buildings.

We can find many kinds of reuse around town.

Let's look for some together.

New Words

- take a walk ········ 散歩する（さんぽ） 🔊38
- town ·················· まち
- notice ··············· 気づく
- public bath ········ 銭湯（せんとう）
- reopen ·············· 再開する（さいかい）
- close ················· 閉まる（し）
- recently ············ 最近（さいきん）
- You're right. ········ そのとおり。
- enter ················ 入る（はい）
- be surprised ········ おどろいている
- bath ················· おふろ
- painting ············· 絵画（かいが）
- art gallery ·········· 美術館（びじゅつかん）
- inside of ············ 〜の中
- building ············· 建物（たてもの）
- purpose ············· 目的（もくてき）
- too ·················· 〜も

Reuse around town ❶
Reuse of buildings

photo 7

Many kinds of buildings are reused.
Let's see some examples.

A public bath is changed into an art gallery.

photo 8

A school is changed into a lodging facility for training.

 母　いろいろな建物のリユースがあるのよ。いくつかの例を見てみよう。
銭湯が美術館に変わる。学校が宿はく研修しせつに変わる。

Reuse of buildings

When someone moves out or a store closes, the buildings aren't needed. If someone destroys a building, the building produces lots of wood, glass, and other waste (industrial waste).
However, if someone uses a building for a different purpose, the building will not become waste.

Buildings become garbage if they are not reused.

New Words

🔊40

- **exmaple** ············ 例（れい）
- **be changed into** ······ ～に変（か）わる
- **school** ················ 学校
- **lodging facility** ······ 宿（しゅく）はくしせつ
- **for training** ··········· 研修（けんしゅうよう）用の
- **move out** ············· 引っこす
- **store** ·················· 店

- **destory** ·············· こわす
- **produce** ·············· 作り出す
- **wood** ················ 木材（もくざい）
- **glass** ················ ガラス
- **other** ················ ほかの
- **industrial waste** ······ 産業（さんぎょう）はいき物（ぶつ）

 ヒロト リユースしないと、建物はごみになってしまうんだね。

※コラム "Reuse of buildings" の日本語は P83 を確認（かくにん）してね。

Reuse around town ② Reuse shops

> That store sells second-hand goods.
> Reuse can be a business.

The system of reuse shops

1 Gather your unneeded items.

2 Take them to the shop.

3 The shop checks your items and buys them.

 母　あのお店では、中古品を売っているよ。リユースは商売にもなるよ。

リユースショップの仕組み ➤ ❶不要品を集める。 ➡❷お店に持っていく。 ➡
❸お店が品物をチェックして、買い取る。

Free community libraries

photo 9

The mailbox is in a park. Books are in the mailbox. This is a free community library. You can put your books into the mailbox. If you find favorite books, you can also trade them with your books.

What items are reuse shops selling?

New Words

🔊42

● reuse shop	……… リユースショップ	● community	………	地域の、みんなの
● business	…………… 商売	● library	……………	図書館
● system	…………… 仕組み	● mailbox	…………	ポスト
● gather	…………… 集める	● park	…………	公園
● take to	………… ～へ持っていく	● favorite	…………	お気に入りの
● check	………… 調べる	● trade with	…………	～と交かんする
● free	………… 自由な			

 サクラ どんな商品がリユースショップで売られているのかな？

※コラム "Free community libraries" の日本語は P83 を確認してね。

Reuse around town ③
Returnable bottles

> A trash bin for bottles is in front of the store. This is a box for bottle reuse.

Returnable bottles

Some bottles can be reused repeatedly. These bottles are called returnable bottles.

1 Collect bottles at stores and in the community.

2 Take the bottles to a factory to wash and fill them.

4 We buy and use them.

3 Sell them at a store.

 　母　お店の前に、びん専用のごみ箱があるね。これは、びんをリユースするための箱なのよ。

リターナブルびん　➤　一部のびんは何度も使うことができます。これらのびんはリターナブルびんと言われています。
❶お店や地域でびんを回収➡❷工場にびんを持っていく。びんを洗い、中身を注ぐ➡
❸お店で売る➡❹買う、使う

Sake stores in the time before bottles

How did sake stores sell sake in the time

Customers bought sake

in ceramic containers.

ese containers at sake

them repeatedly.

rn the bottles to the store,
e them again.

今年こそやろう！英語
めざせ！世界中どこでも通じる英語力
ゼロからスタート
English
3・6・9・12月毎号6日発売
年4回季刊

英語で……世界の食文化を学ぶ！／クイズに
挑戦する！／おもてなしする！／スポーツを楽
しむ！／アナウンスを紐解く！／イギリス英語
を知る！／基本動詞を会話で使いこなす！／ア
メリカ事情を知る！／論理的に発信する！／道
＆交通案内する！……そんな雑誌です

栗栖祥明／PRESSWORDS／安河内哲也／上田敏子／
デイビッド・セイン／山下広司／ジュミック 今井／
植田一三／西森マリー／陽子セニサック／Michy 里中

Jリサーチ出版

New Words

🔊44

……返きゃくできる ● fill …………… つめる

……びん ● sake ……………（日本の）酒

……リターナブルびん ● in the time before 〜の前の時代

……〜の前に ● customer ………… 客

……箱（はこ） ● take home ……… 持ち帰る

……回収（かいしゅう）する ● ceramic …………… とう器（き）の

……洗（あら）う ● rent ……………… 貸（か）す

サクラ リターナブルびんをお店に返すと、くり返し使えるんだね。

※コラム "Sake stores in the time before bottles" の日本語は P84 を確認（かくにん）してね。

Reuse around town ④
Long ago Japan

Let's compare reuse today with long ago.

Reuse in the Edo Period

Repair shops

This is an umbrella repair shop.
Umbrellas were made of bamboo and paper.
When an umbrella tears, the repair shop change to new paper.

My umbrella is made of different materials.

　母　昔のリユースと今を比べてみよう。

ヒロト　ぼくのかさとは、材料がちがうんだね。

江戸時代のリユース ➤ 修理屋：これは、かさの修理屋さんです。かさは、竹と紙からできていました。破れると、修理屋さんが紙を張りなおします。

People used kimono over and over.

Used clothing stores

Used clothing stores were common.
People bought kimonos at used clothing stores.
People also remade adult kimonos into kimonos
for children.

When I was little, a repairman came to town many times. Let's compare everyone's life today with life long ago.

New Words

🔊 46

● long ago	昔	● used clothing	古着
● compare with	～と比べる	● common	当たり前
● today	今日	● buy (bought)	買う(買った)
● Edo Period	江戸時代	● remake (remade)	作り変える(作り変えた)
● repair shop	修理屋	● adult	大人
● umbrella	かさ	● children	子どもたち
● bamboo	竹	● little	小さい
● tear	破れる	● repairman	修理する人
● change to	～にかえる	● come (came)	来る(来た)
● over and over	何度も何度も	● everyone	みんな

古着屋：古着は当たり前でした。人々は、古着屋さんで着物を買っていました。大人用着物をこども用に作りなおしていました。

  サクラ 何度も何度も、着物を使ったんだね。

母 わたしが小さいころは、まちに修理屋さんがやってきていたよ。みんなの生活と、昔の生活を比べてみましょう。

Let's try!

おさらいクイズ

リユースについてのクイズを3問用意したよ。
ヒントはストーリー4の中にあるから、
もう一回見返してもいいよ!

Q1

次のうち、建物のリユースはどれかな?

❶ お店を閉店する
❷ 古い建物をこわして、新しい建物を建てる
❸ 廃校を宿はく研修しせつとして活用

Q2

次のうち、リターナブルびんはどれかな?

❶ くり返し使えるびん
❷ 一回使ったらごみになるびん
❸ 使用後、別のものになるびん

Q3

次のうち、昔の日本でよくリユースされていたものはどれかな?

❶ かさ
❷ 着物
❸ お酒の容器

Answer

Q1	❸	建物をこわさず、ちがう使い方をすることが、建物のリユースだね。	➡ p48-49
Q2	❶	リターナブルびんは、工場で洗ってくり返し使われるびんのことだね。	➡ p52-53
Q3	全部	かさ、着物について ➡ p54-55　お酒の容器について ➡ p52-53	

3R とリユースについて

学習のまとめをしたいみなさんや、
ごみ問題と3Rのリユースについて
もっとくわしく知りたいみなさんのために
日本語で説明します。
ぜひ、自分でも調べてみてください。

——— 3R とごみの問題 ———

●3Rの意味

　3Rとは、Reduce（ごみを減らす）、Reuse（ごみを再利用する）、
Recycle（ごみを資源にする）のことです。1巻では「Reduce」、
つまり、ごみをつくらない、出さない、減らしていくことを学び
ました。2巻で学ぶ「Reuse」の意味は「ごみを再利用する」と
本のタイトルで説明していますが、この言葉には、ごみには「く
りかえして使える」モノがあるという意味がふくまれています。

●ごみ問題とリユースの関係

　みなさんはふだん使っているモノについて、もう必要がなくな
ったからといって、すぐに「ごみ」として出すことはありますか。
生活用品として使っていた大切なモノは、なるべくごみとして出

さずに、できるだけ長く使っていたいですね。例えば、こわれたモノは修理して使う、ほかの人が使っていたものをリサイクルショップやバザーで買う、古本屋で本を買う、なども「くりかえして使う」ことになります。

　近年はプラスチック系のごみが海に流れ出て、生き物にえいきょうを与えていることがテレビや新聞などで多く取り上げられています。一方で、最近、中身をつめかえて容器をリユースすることが多くなっています。商品の中身だけ買ってきてつめかえて使うことは、使う容器を減らすことになります。容器類のごみを減らすこと（Reduce）につながるのです。

　さらに「くりかえして使う」ことは、モノをつくるときに使う地球上の資源やエネルギーの節約にもつながります。

ストーリー❶のまとめと解説

Disposable items and reuse
使い捨てとリユース

●ストーリー1のまとめ

　ストーリー1では、「使い捨て」と「くり返し使えるもの＝リユース」からごみについて考えます。バーベキューの後に片づけをするヒロトとサクラは、ごみがいっぱい出てしまったことに気づきます。ごみを見ると、使い捨てのものばかり使っていたことが、ごみがたくさん出た原因だとわかりましした。

　使い捨てのものは、一回使うたびにごみが出てしまいます。リユースできるものは、こわれるまで何度も使えますので、ごみが少なくなりますね。リユースはごみを減らすための大事なアイデアです。

●リユースできる食器の例

　では、使い捨てをさける工夫はどのようにできるでしょうか。ヒロトたちはバーベキューで、使い捨ての食器を使っていましたが、使い捨てでない、持ち運びに便利な食器を持っていくといいです。登山をするときは、リュックにステンレス製カップをぶら下げて、スポーツ観戦のときは水とうを持参するといいでしょう。

　その他のリユースできる食器には、日本の学校給食の食器もあります。給食の食器は、軽くてこわれにくい合成じゅし（プラスチック）が多く使われていました。最近はとう磁器の食器や地元でとれる木材（うるしぬり、など）の食器なども用いるようになってきています。さまざまな素材の食器があるので、場面にあったモノを使いましょう。

おりたたんで小さくできる、持ち運びしやすいシリコン素材の食器
写真提供：著者

Plastic garbage and reuse
プラスチックごみとリユース

●ストーリー2のまとめ

　ストーリー2では、プラスチックごみについて考えます。ヒロトはスーパーで、レジぶくろが有料であることに気づきます。レジぶくろはプラスチックからできています。レジぶくろが有料になったのは、プラスチックごみを減らす取り組みの一つです。

　プラスチックはいろいろなところで使われています。食品用ラップやペットボトル、消しゴムに、ラケットなども、全部プラスチックから作られています。ではなぜ、プラスチックごみを減らさなくてはいけないのでしょう。それは、通常、プラスチックは一度捨てられると自然の状態にもどすことができず、ずっと残ってしまうからです。こうしていつまでも残るプラスチックは、生き物が食べてしまうということになりますし、細かくなってずっと土の中や海の中に存在し続けます。

●レジぶくろの使用量について

　ストーリー2では、日本全国のレジぶくろの使用量が一人当たり年間150枚とされていますが、実は10年前までは310枚と言われていました。日本のいろいろな地域で、マイバッグやエコバックを持参して買い物をする人が増えてきた結果です。さらに日

本では、法律によって2020年7月からプラスチック製のレジぶくろが有料となり、より一層、レジぶくろの減量が進むと期待されています。

●マイクロプラスチックとその問題点

　毎年800万トンのプラスチックごみが海に流れています。レジぶくろなどのプラスチック製のモノが海の中で完全に分解されるまでには、気の遠くなるような長い時間がかかります。プラスチックは、もともとは植物の死がいからできた石油でできていますが、とても丈夫にできているために、自然の物質に分解するまでには1000年以上かかると、世界の研究者から警告が出されています。プラスチック製の容器は土の中でも分解しません。

　海の中では太陽も当たらないので、光による分解も起こりづらいのです。プラスチック製品は海面や海中でぶつかりあって細かくなります。5ミリ以下の細かくなったプラスチックは「マイクロプラスチック」と言われます。そうしたマイクロプラスチックを魚や貝類がエサと思って食べてしまい、その魚や貝類を人間が食べることで人間にも健康被害がおよぶと言われています。

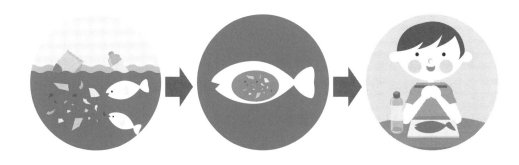

ストーリー❸のまとめと解説

Eco-market and reuse
エコマルシェとリユース

●ストーリー3のまとめ

　使えなくなったものには、いろいろな理由がありますね。ストーリー3では、もう使わないものや使えなくなったものをリユースする方法を二つ学びます。

　一つ目の方法は、売ったり、あげたりして「使用者をかえて」また使うことです。二つ目の方法は、「修理して」また使うことです。破れた服やこわれた家具は、自分で直したり、専門の人に直してもらうこともできます。

　しかし、中にはリユースしづらいものがあります。例えばよごれた服はほかの人もいりませんね。リユースするためには大切に使うことも大事です。ただし、ぞうきんに作りなおすこともできるので、捨てる前にほかに使い道がないか、工夫を考えることも大切です。

　そのほかにも、新聞のように古くなると不要になるものがあります。これはごみのようですが、材料にもどされて、新しいものに生まれ変わります。このようなものを資源ごみといって、自治体が配る「ごみハンドブック」でどれが資源ごみか見ることができます。資源ごみについては、3巻でくわしく見ていきましょう。

●地域ぐるみで環境に取り組むエコマルシェ

　東京都武蔵野市では、ごみの焼きゃく場クリーンセンターを
2017年に建てかえた時に、エコマルシェが開ける広場をつくり
ました。エコマルシェでは、子どもから若い人、そして高れい者
までの多様な世代が出合い、「ごみ」から広く環境のことを「学
び合う」場が設けられています。モノと人とコトが出合い、つな
がり、昔の環境から現在、そして未来の環境を考えた暮らし方を
共につくっていく場として、地域のボランティアの方々とともに
運営されています。日々の暮らしの中に環境問題があることに気
づいて、環境改善のための行動に結びつけ、地域ぐるみで取り組
んでいくことを目的としています。

Reuse around town
まちなかのリユース

●ストーリー4のまとめ

　ストーリー4では、まちなかのいろいろなリユースをヒロトといっしょにみていきます。ヒロトたちは散歩中に、銭湯の建物が中だけ美術館に変わっていることに気づきます。建物の外の形をそのまま残して別の使い方をすることも、リユースの一つです。建物をこわすと、はい材など大量のごみが、出てしまいます。こうした建物をこわして出たごみは、産業はいき物と言い、処理の仕方が決められています。出るごみの量も多いので、こわさずにそのまま使用することは、ごみを減らすためにも大事なことです。

　まちなかでは、そのほかにも中古品を買い取って売っているお店もよく見かけます。これらはリサイクルショップと言われるこ

ともあります。またリターナブルびんについても学びました。リターナブルびんとは、びんを洗って中身をつめて何度もくり返し使えるびんのことです。いろいろなところでいろいろな工夫がされています。みなさんも身の回りのリユースを発見してみましょう。

●建物と木材

　産業はいき物としてのごみは、一般ごみ（各家庭からのごみと事業者から出るごみを合わせたごみ）の8倍も出ます。したがってごみ減量の工夫は、まちでの建設現場でたくさん行われています。さらにプレハブ住宅でも、はい材を再利用する工夫がされています。

　江戸時代に建てられた木造の古民家が博物館として活用される一方で、地方にはまだそうした住宅に住んでいる方々が多くいます。

　「木」には二度の命があると言われています。一度目は、自然の中で生きている時の植物としての命です。二度目は、ばっ採されて建物の木材に使用された後の建物としての命です。現在の住宅の多くは30年前後で解体されてしまっていますが、木はばっ採されてからかんそうするにつれて強度が増すので、手入れをしながら古民家に住んでいる人もいます。80年前に建設され、その後はい校となった小学校の例もあります。「木の命」を大事にし、地域の方々が手入れをしながら宿はく研修所として活用しています。

●リユースできる方法を考えよう

　現代では、雨が降るとコンビニでビニールがさを簡単に買うことができますが、50年もかさの修理一筋に対応してくださるか

さ屋さんがあります。お気に入りのかさを修理(しゅうり)して愛着(あいちゃく)のあるか
さを大切に使用している方もいらっしゃいます。

　世界(せかい)には学校へ通うときに教科書を入れるリュックが無(な)い子ど
ももいます。日本では、みなさんが使ったランドセルを世界の
必要(ひつよう)とする国に届ける活動があります。そうすることでみなさん
のランドセルがリユースされるとともに、みなさんの学校での「思
い出」も生きていることになります。

　リユースとは、モノを大切にあつかうことです。みなさんも身
の回りのモノをどうやったらより長く、大切に使えるか考えてみ
ましょう。

リユースのアイデア

　最後に「ごみ」をリユースするアイデアをおさらいしましょう。リユースは、みなさんの毎日の生活の中で取り組むことが大切です。このほかにもいろいろなアイデアを考えて、行動してみましょう。

①いらないモノは、ほかに使う人を見つける

モ　ノ	方　法
小さくなった服、卒業してもう着ない制服、読み終わった本、タンスにしまったままの未使用品など 	使う人にゆずる、寄付するエコマルシェに出品する、リサイクルショップに売る、など 

②こわれたモノは、修理してまた使う

モ　ノ	方　法
割れた皿、破れた服、こわれたおもちゃ、部品が欠けた家具など 	自分で直す、おうちの人に直してもらう、専門の修理屋さんに直してもらう、など 

③使い捨てのものはなるべく使わない

お店で
●レジぶくろではなく、エコバッグやかごを使う。
●レジぶくろをもらったら、ごみぶくろなどに再利用する。
●お店で飲み物を買うときは、水とうやマイボトルを持っていく。

家で
●ボールペンは入れものを捨てず、しんをかえて使う。
●食品用ラップをやたらに使わずに、タッパーなどの容器を使う。
●シャンプーはつめかえ用を利用して、容器のごみを出さないようにする。

④そのままの形でリユースできないものを　作り変える

●よごれてだれも着ることができない服を
　ぞうきんに作り変える。
●大人用の服を子ども用に作り変える。

　その他、古新聞などいくつかのごみは、一度回収されて、工場でノートなど新しいモノに生まれ変わることができます。これをリサイクルといいます。リサイクルについては、3巻『ごみを資源にするリサイクル』でみていきましょう。

子どもたちに身近な内容が，英語学習への興味につながる

山崎 祐一（長崎県立大学教授，小学校英語教育学会理事，小中学校英語教科書著作編修者）

　2011年度より小学校で外国語活動が必修化され，小学校において事実上の英語教育が始まりました。小学校英語教育に関しては，早期に外国語を学ぶことの利点が主張される一方で，日本語が定着していない子どもに英語を教えていいのかという議論が展開されたり，教師と児童のさらなる負担が不安視されたりするなど，長い間賛否両論の意見が交わされてきました。そして時代の流れとともに，いよいよ2020年度より英語が小学校で教科化されることになりました。このことは，我が国の英語教育の歴史上，最大の変革と言っても過言ではありません。

　特に5〜6年生では，外国語による4技能（聞くこと，読むこと，話すこと，書くこと）の言語活動を通して，コミュニケーションを図る基礎となる資質や能力を育成することを目指します。また，外国語の背景にある文化に対する理解を深め，他者に配慮しながら主体的に外国語を用いてコミュニケーションを図ろうとする態度を養います。

　教科になると，音声に重きを置きながらも，読むこと，書くことへの慣れ親しみも大切にしていきます。しかし，単に単語や文構造を暗記するだけでは，子どもたちの思考にはあまり働きかけません。知識や技能の習得と，それを活用する言語活動が必要です。それには，授業の内容を「身近」で「自分に直接関連するもの」として捉えることが重要です。自然・社会・科学・生物・スポーツ・文化などの身近で親しみやすい内容で，子どもたちの頭の中をいっぱいにしてあげるのです。身近な題材だからこそ，「尋ねたい」「伝えたい」という積極的な気持ちが生まれるのです。例えば，リーディング教材では，読解だけに終わらず，対話的な言語活動を促し，その内容について発問の工夫をしながら，主体的に学ぶ意識や英語で発信する力の強化にもつないでいくことができます。英語表現をただ覚えるだけではなく，知的レベルに合わせたリーディングを通して，子どもたちを身近なテーマに巻き込み，内容を呼び覚ますことが，思考や深い学びにつながっていきます。

　教師や保護者は「子どもたちに英語を教えて，将来子どもたちにどうして欲しいのか」についてしっかりと認識しておくべきです。外国語を学ぶことで子どもたちは「新しい視点」を得ます。1つの世界を2つの視点から見て，子どもたちはもっと楽しく面白く生きていくことができます。また，外国語を学びながら，これまで無意識だった日本語や日本文化を再確認することもできます。教師・保護者自身が広い視野と柔軟性を持ち，子どもたちが英語でコミュニケーションをとることの楽しさと喜びを感じられるような指導方法や教材選びに意識を向けておくことが大切です。

　子どもたちは外国語を学ぶと同時に，世界の生活や文化に興味を持ち，諸外国の人々の価値観を認め，協調して生きていこうとする態度を養う努力を怠らないことが重要です。そして，そのことは遠い外国の人たちのことだけでなく，実は，教室で今となりに座っている異なる考え方を持つ友だちのことも理解し，認め，お互いに分かりあえる素敵な方法であるということに，子どもたち自身が気づくことにもつながっていくのではないでしょうか。

著者紹介

小澤 紀美子

（株）日立製作所システム開発研究所研究員、東京学芸大学・同大学院研究科教授を経て、現在は東京学芸大学名誉教授、東海大学大学院客員教授、こども環境学会元会長・理事。コカ・コーラ教育・環境財団理事。専門分野は環境教育学。編著書は『これからの環境学習—まちはこどものワンダーらんど』（風土社）、『子どもの・若者の参画』（萌文社）、『児童心理学の進歩 2005年版「環境教育」』（金子書房）、『持続可能な社会を創る環境教育論』（東海大学出版会）など多数。

訳者紹介

スーザン・マスト

オハイオ州立大学大学院日本語言語学修士号を取得。元立命館大学英語講師、元オハイオ州立大学日本語講師。

英語で地球をわくわく探検
みんなで取り組む3R ② ～ごみを再利用する Reuse（リユース）～

令和2年（2020年）　8月10日　　初版第1刷発行

● カバーデザイン・扉、単語集デザイン………株式会社デジカル
● 本文デザイン・DTP …………………………有限会社トライアングル ／ 広瀬恵美
● カバーイラスト…………………………………SMILES FACTORY
● 本文イラスト……………………………………SMILES FACTORY（4コママンガ） ／
　　　　　　　　　　　　　　　　　　　　　　わたなべじゅんじ（ストーリー1，2） ／ 林幸（ストーリー3，4）

著　者　　小澤　紀美子
発行人　　福田　富与

発行所　　有限会社 Jリサーチ出版

　　　　　〒166-0002 東京都杉並区高円寺北2-29-14-705
　　　　　電　話　03（6808）8801（代）
　　　　　ＦＡＸ　03（6808）8806
　　　　　ＵＲＬ　https://www.jresearch.co.jp

印刷所　　（株）シナノ パブリッシング プレス

本書へのご意見・ご感想は下記 URL までお寄せください。
https://www.jresearch.co.jp/contact/

ストーリー❶ 使い捨てとリユース

8-9 ページ　タイトル　バーベキューのごみ

1コマ目

ナレーション

ヒロトとサクラは、家族でバーベキューをします。

2コマ目

ナレーション

食べ終わり、片づけをします。ヒロトは、ごみぶくろにごみを入れます。サクラは、ごみではないものがあったらそれらをカゴに入れます。

ヒロト

このペットボトルは空だ。これは、ごみだね。

サクラ

うーん、これはまた使うね。

3コマ目

ナレーション

ビニールぶくろはいっぱいです。かれらはビニールぶくろに、たくさんものを入れたのです。

ヒロト

ごみぶくろがいっぱいになったよ。

サクラ

カゴの中はあまり多くないね。

4コマ目

父

なんでごみがたくさんでたのかな。ごみはどれかな？　ごみじゃないものはどれかな？　いっしょに考えてみよう！

父

なにを捨てたのかな。なにを捨てなかったのかな？

【ごみ】
①紙コップ
②紙皿
③プラスチックのスプーンとフォーク
④ペットボトル
⑤かん
⑥ビニールぶくろ

【ごみじゃないもの】
⑦トング
⑧バーベキューの串

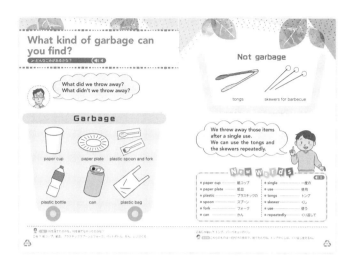

ヒロト

これらのものは、一回だけの使用で捨てたんだね。トングや串は、くり返し使えるね。

母

紙コップは一回使用すると、ごみになるね。これらのものは使い捨てのものといわれるよ。一つのものをくり返し使えば、ごみを減らせるね。これを「リユース」というよ。

使い捨て ／ リユース

コラム リユースでごみを減らせる！

例えば、もし紙コップを朝食、昼食、夕食と使うと、3回ものを捨てることになります。では、グラスを使うとどうでしょうか。グラスがこわれるまで使うことができますね。このようにリユースすれば、ごみを減らすことができます。

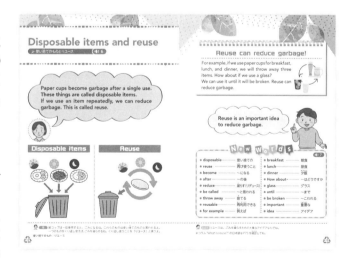

ヒロト リユースは、ごみを減らすための大事なアイデアなんだね。

タイトル 使い捨てのものを使うのはなんでかな？

父

なんで使い捨てのものを使うのかな？
理由を考えてみよう。

サクラ

使い捨てのものは便利だからだと思うよ。

【持ち運びしやすい】

【片づけが楽だから】

コラム リュースできる食器

紙皿は使い捨てのものだね。でも、こわれやすくて重い食器はピクニックする時に使うには難しいよね。いくつかの食器は、何度も使われることができ、軽く、再利用できるんだ。

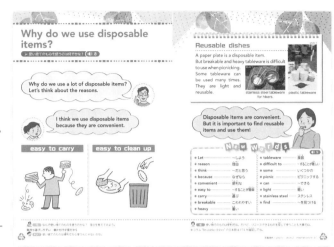

母 使い捨てのものは便利だね。でも、リュースできるものを探して使うことも大事だね。

【写真1】
登山者用の
スチール食器

【写真2】
プラスチック食器

タイトル リュースできるのはどれかな？

ヒロト

リュースできるものでどんなものが、
バーベキューでは使えるのかな？

紙コップや紙皿⬇
ステンレスやプラスチックの食器

ビニールぶくろ➡エコバッグやバスケット

かん ➡再利用できる水とう

プラスチックのフォークやスプーン
➡再利用できる個人用のフォークや
　スプーン

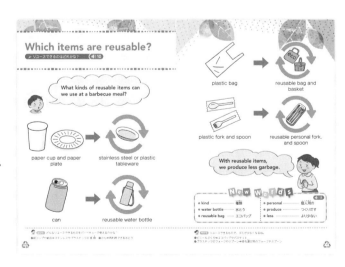

サクラ リュースできるもので、ごみが少なくなるね。

ストーリー ❷ プラスチックごみとリユース

20-21 ページ

タイトル レジぶくろとエコバッグ

1コマ目

ナレーション
ヒロトとお母さんは買い物に行きます。

母
あとは、なにが必要かな。

ヒロト
牛乳も買わないとね。

2コマ目

ナレーション
レジで、ヒロトはレジぶくろが無料ではないことに気づきます。

店員
レジぶくろは必要ですか？　有料です。

母
いらないです。エコバッグを持っています。

3コマ目

ナレーション
レジぶくろが有料になったのは、どうしてでしょう？　お母さんが理由を教えてくれます。

ヒロト
お店にお金がないから？

母
新しくできた決まりなんだよ。

4コマ目

母
プラスチックのごみを減らすためにレジぶくろは有料なんだよ。レジぶくろのごみについていっしょに考えてみよう。

タイトル どれくらいのレジぶくろを使っているんだろう?

母

コンビニやスーパーでたくさんレジぶくろをもらっているね。どれくらい使っているのか、数字を見てみよう。

レジぶくろ使用量について➡150 (枚)
日本では、それぞれの人が一年に約150枚のレジぶくろを使っています。

ヒロト

へえ、そんなにたくさんのレジぶくろを使ってるんだね!

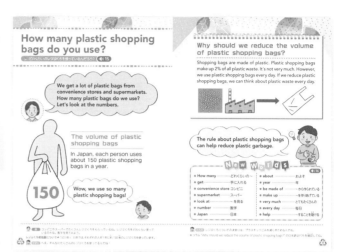

コラム どうしてレジぶくろを減らすべきなの?

レジぶくろは、プラスチックからできています。レジぶくろは、プラスチックごみの2%に当たります。あまり多くはないですね。ですが、私たちはレジぶくろを毎日使っています。レジぶくろを減らすことは、日常的にプラスチックごみを考えることになります。

ヒロト プラスチックごみを減らすために、レジぶくろの取り組みが行われているんだね。

タイトル プラスチックごみはどうして減らすべきなの?

ヒロト

プラスチックごみは、どうしていけないんだろう。

母

プラスチックは、環境に悪いんだよ。自然にかえらないから、ずっと残ってしまうの。

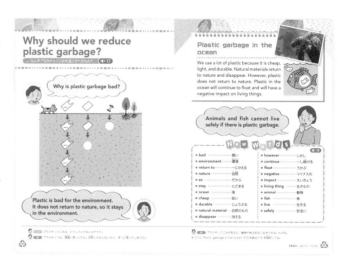

コラム 海のプラスチックごみ

プラスチックは安く、軽く、そしてじょうぶなのでたくさん使われています。自然の素材は、自然にかえって、消えます。しかし、プラスチックは自然にかえりません。海のプラスチックはそのままうかび続け、生きものに悪いえいきょうをあたえます。

母 プラスチックは、環境に悪いんだよ。自然にかえらないから、ずっと残ってしまうの。

タイトル プラスチックを探(さが)そう!

母

プラスチックはいろいろな形をしているよ。身の回りのプラスチックを探(さが)そう。

プラスチック
① レジぶくろ
② 消しゴム
③ ペン
④ ラケット
⑤ ペットボトル
⑥ プラスチックのカップ
⑦ 食品保存容器
⑧ ラップ
⑨ お菓子の包(ほう)そう
⑩ シャンプーの容(よう)器(き)

ヒロト

いろいろなものに使(つか)っているんだね。

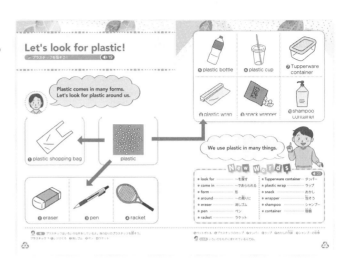

タイトル プラスチックは、どうやって減(へ)らせるかな?

母

プラスチックは本当に必(ひつ)要(よう)だよね。どうやってプラスチックのごみを減らせるのかな?

ヒロト

異(こと)なる素(そ)材(ざい)を使えるね。

- ●レジぶくろの代わりに、エコバッグを使う。
- ●プラスチックのコップの飲み物を買う代わりに水とうを持つ。

母

プラスチック製(せい)品(ひん)の中には、くり返し使えるものもあるのよ。いくつか見つけてみよう。

- ●シャンプーの容(よう)器(き)をリユースし、つめかえ用のシャンプーを買う。
- ●ペンは、インクを交かんする。 ●使(つ)い捨(す)てのラップではなく、食品保存容器を使う。

ヒロト くり返し使うには、ものを大切に使うことも大事だよ。

32-33 ページ タイトル エコマルシェとリユース

1コマ目

ナレーション

ヒロトとサクラは部屋を片づけています。サクラは服を見つけますが、かのじょには小さすぎます。

サクラ この服は小さいね。もう着れないや。

ヒロト でもよごれてないよ。

2コマ目

ナレーション

ヒロトは、こわれたおもちゃを見つけます。彼は、それを捨てたくありません。お父さんは、いいアイデアをもっています。

ヒロト このおもちゃお気に入りなんだ。

サクラ でもこわれているよ？

父 いいアイデアがあるよ。

3コマ目

ナレーション

かれらはエコマルシェに行きます。エコマルシェについてお父さんが教えてくれます。

ヒロト ここはどこ？

サクラ お店がいっぱい開いているね。

父 エコマルシェだよ。いろいろなものをリユースできるんだ。

4コマ目

父 エコマルシェを探検してみよう！

父

エコマルシェに来たよ。これらは全部、中古品なんだ。どんなものがあるかな？

本、服、くつ、お皿、おもちゃ、タオル

コラム エコマルシェって何？

エコマルシェは、環境にやさしい取り組みをするイベントです。市が開いています。エコマルシェでは、中古品を買ったり、売ったり、もしくは交かんすることができます。あなたにとっては不要なものが、別の人にとっては使うものかもしれないですね。使用者をかえることは、リユースの一つの方法です。

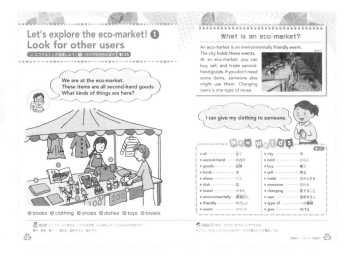

サクラ

わたしの服も、だれかにあげることができるね。

サクラ

この場所は、どんなところ？

父

ボランティアがおもちゃを修理しているよ。こわれたおもちゃを持っていくと、直してくれるんだ。

コラム おもちゃの修理

エコマルシェでは、ボランティアがおもちゃを修理してくれることもあるよ。ものがこわれたとき、修理することは大事だよ。例えば、服の破れを直したり、こわれたお茶わんも金とうるしで修理するとまた使えるようになるよ。何かがこわれた時は、修理してみよう。

ヒロト

ボランティアの人がぼくのおもちゃを修理してくれるね！

38-39 ページ

タイトル リユースしよう❶ 家の中を見てみよう！

父

家の中を見てみよう！ 不要_{ふよう}なものは何があるかな？ どうして必要_{ひつよう}ないのかな？

もう使わないから

【イラスト】服	【イラスト】制服_{せいふく}
【イラスト】本	【イラスト】未使用_{みしよう}のタオル
【イラスト】かばん	【イラスト】本

こわれているから 【イラスト】割_われたお皿 【イラスト】破_{やぶ}れた服 【イラスト】こわれたおもちゃ 【イラスト】部品がかけた家具

だれも使えないから 【イラスト】よごれた服 【イラスト】古い新聞

ヒロト 不要品には、いろいろな理由があるんだね。

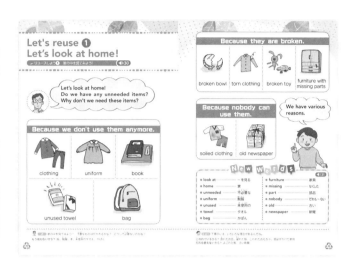

40-41 ページ

タイトル リユースしよう❷ どうやってリユースできるかな？

父

いろいろなものを見つけたね。
これらの不要品_{ふようひん}はどうやったらリユースできるのかな？ 考えてみよう。

サクラ

もう使わないなら、ほかの使用者を見つけられるね。

ヒロト

こわれたら、修理_{しゅうり}しよう。

サクラ

よごれた服は人にあげられないよ。古い新聞も、ほしい人はいないよね。使えないものはどうすればいいんだろう？

80

父

いくつかのものはリユースできないんだ。理由を考えてみよう。

ヒロト

よごれてるから、だれも使えないよ。

コラム よごれた服を作り変えられる!

小さくなった服は、だれかにあげることができるね。でもよごれた服は、だれも着られないね。
でもじつは、よごれた服をぞうきんに作り変えることができるよ。

サクラ

古いから、だれも使わないよね。

コラム いくつかのごみは変身できる!

古い新聞は、ほとんどの人が読まないだろうね。でもじつは、古い新聞もごみではないんだ。
いくつかのものは、工場で新しいものになるんだよ。

ヒロト

リユースできなくても、作り変えたり、変身させたりできるんだね。

Let's find examples of reuse around town

➤ まちなかでリユースを見つけよう 🔊37

You're right.
Is it reopened?

That public bath is closed recently.

Hiroto and Sakura take a walk with their mother.
Hiroto notices that the public bath is reopened.

It isn't a public bath!
It's an art gallery!

The inside of the building is transformed.

They entered the building, and they are surprised. They cannot find any baths. They can find paintings. The public bath became an art gallery.

Old buildings can be reused for a new purpose. This is also reuse.

We can reuse buildings, too!

Their mother tells them about the reuse of buildings.

We can find many kinds of reuse around town.

Let's look for some together.

New Words 🔊38

- take a walk ……… 散歩する
- town ……………… まち
- notice …………… 気づく
- public bath ……… 銭湯
- reopen ………… 再開する
- close …………… 閉まる
- recently ……… 最近
- You're right. …… そのとおり。
- enter …………… 入る
- be surprised …… おどろいている
- bath …………… おふろ
- painting ……… 絵画
- art gallery …… 美術館
- inside of ……… ～の中
- building ……… 建物
- purpose ……… 目的
- too …………… ～も

46-47 ページ　タイトル　まちなかでリユースを見つけよう

1コマ目

ナレーション
ヒロトとサクラは、お母さんと散歩です。ヒロトは、銭湯が再開していることに気づきました。

ヒロト
あの銭湯は、最近閉店していたよ。

母
本当だ。再開店したのかな。

2コマ目

ナレーション
建物に入ると、かれらはびっくりしました。お風呂は見つけられません。絵を見つけます。銭湯が美術館になっているのです。

ヒロト　銭湯じゃない！美術館だ！

サクラ
建物の中だけ、変身してる！

3コマ目

ナレーション
お母さんが建物のリユースについて話してくれます。

母
古い建物も、新しい目的でまた使えるね。これもリユースなのよ。

サクラ　建物もリユースできるんだ！

4コマ目

母
まちなかではいろいろなリユースを見つけることができるよ。いっしょに探してみましょう。

母

いろいろな建物のリユースがあるのよ。いくつかの例を見てみよう。

- -

【写真（上）】
銭湯が美術館に変わる

【写真（下）】
学校が宿はく研修しせつに変わる

コラム　建物のリユース

引っこししたり、お店が閉店すると、建物はいらなくなりますね。建物をこわすと木材やガラスなどのごみがたくさんでてしまいます（産業はいき物）。ですが、建物をちがう目的で使えば、その建物はごみにはなりませんね。

- -

ヒロト　リユースしないと、建物はごみになってしまうんだね。

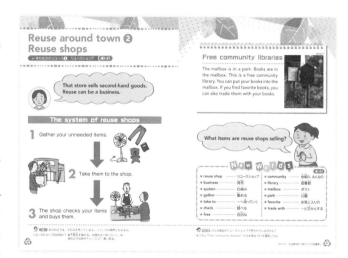

母

あのお店では、中古品を売っているよ。リユースは商売にもなるよ。

リユース店の仕組み
①不要品を集める。➡
②お店に持っていく。➡
③お店が品物をチェックして、買い取る。

- -

コラム　みんなで自由に使える図書館

このポストは、公園にあります。このポストの中には本が入っています。これは、みんなで自由に使える図書館です。あなたの本をポストに置くことができます。気に入った本は、自分の本と交かんすることもできます。

- -

サクラ

どんな商品がリユースショップで売られているのかな？

母

お店の前に、びん専用のごみ箱があるね。これは、びんをリユースするための箱なのよ。

リターナブルびん

一部のびんは何度も使うことができます。これらのびんはリターナブルびんと言われています。

①お店や地域でびんを回収➡②工場にびんを持っていく。びんを洗い、中身を注ぐ➡③お店で売る➡④買う、使う

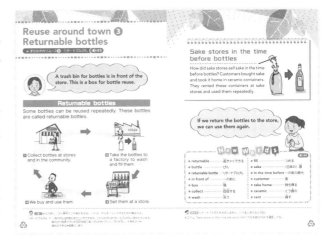

コラム　びんの前の時代の酒屋さん

びんの前の時代、酒屋さんではお酒はどうやって売られていたでしょうか？　お客さんは、お酒を買うと、陶器のいれものに入れて持って帰りました。この容器は、酒屋さんで貸し出されてくり返し使われていました。

サクラ　リターナブルびんをお店に返すと、くり返し使えるんだね。

母

昔のリユースと今のものを比べてみよう。

江戸時代のリユース

●修理屋➡

これは、かさの修理屋さんです。かさは、竹と紙からできていました。破れると、修理屋さんが紙を張りなおします。

ヒロト

ぼくのかさとは、材料がちがうんだね。

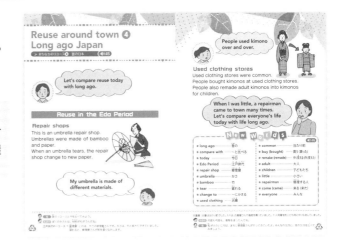

●古着屋➡古着は一般的でした。人々は、着物は古着屋さんで買っていました。大人用着物をこども用に作りなおしていました。

サクラ　何度も何度も、着物を使ったんだね。

母　わたしが小さいころは、まちに修理屋さんがやってきていたよ。みんなの生活と、昔の生活を比べてみましょう。

リユース版

ごみ問題を知る英単語108

この本にでてきたごみ問題やリサイクルについて 108 個の英単語を集めたよ。

❶ 音声を聞いて声に出してみよう

❷ 日本語をみて、英語を考えてみよう

❸ 英語をみて、日本語の意味を考えてみよう

※ダウンロード音声のトラックとの対応は、裏ページに書いてあります。

ふろく

このページはコピーして使うこともできます。

※『みんなで取り組む3R ① ごみを減らす Reduce』ふろくで学習した単語は省いてあります。

1 **bad** ▶▶ストーリー 2	6 **break** ▶▶ストーリー 3
2 **basket** ▶▶ストーリー 1	7 **building** ▶▶ストーリー 4
3 **be made of** ▶▶ストーリー 2, 4	8 **can** ▶▶ストーリー 1
4 **be surprised** ▶▶ストーリー 4	9 **cash register** ▶▶ストーリー 2
5 **bottle** ▶▶ストーリー 4	10 **change to** ▶▶ストーリー 4

音声トラックと単語の対応は次の通りです。

6 こわれる ▶▶ ストーリー 3	**1** 悪い ▶▶ ストーリー 2
7 建物（たて もの） ▶▶ ストーリー 4	**2** かご ▶▶ ストーリー 1, 2
8 かん ※「～できる」という意味の同じつづりの単語 "can" もあります。 ▶▶ ストーリー 1	**3** ～から作られている ▶▶ ストーリー 2,4
9 レジ ▶▶ ストーリー 2	**4** おどろいている ▶▶ ストーリー 4
10 ～に変える（か） ▶▶ ストーリー 4	**5** びん ▶▶ ストーリー 4

11 cheap ▶▶ ストーリー 2	**18** compare with ▶▶ ストーリー 4
12 city ▶▶ ストーリー 3	**19** container ▶▶ ストーリー 2, 3
13 close ▶▶ ストーリー 4	**20** convenience store ▶▶ ストーリー 2
14 clothing ▶▶ ストーリー 3, 4	**21** convenient ▶▶ ストーリー 1
15 collect ▶▶ ストーリー 4	**22** destory ▶▶ ストーリー 4
16 common ▶▶ ストーリー 4	**23** disposable ▶▶ ストーリー 1, 2
17 community ▶▶ ストーリー 4	**24** eco-market ▶▶ ストーリー 3

25 every day	**32** get
▶▶ストーリー2	▶▶ストーリー2
26 factory	**33** give
▶▶ストーリー3	▶▶ストーリー3
27 fill	**34** glass
▶▶ストーリー4	▶▶ストーリー1, 4
28 float	**35** good
▶▶ストーリー2	▶▶ストーリー3
29 for example	**36** have
▶▶ストーリー1, 3	▶▶ストーリー1, 2, 3, 4
30 free	**37** How about
▶▶ストーリー2, 4	▶▶ストーリー1
31 environmentally friendly	**38** How much
▶▶ストーリー3	▶▶ストーリー2

32 手に入れる ▶▶ストーリー 2	**25** 毎日 ▶▶ストーリー 2
33 あげる ▶▶ストーリー 3	**26** 工場 ▶▶ストーリー 3
34 ①ガラス ②グラス ▶▶ストーリー 1, 4	**27** つめる ▶▶ストーリー 4
35 良（よ）い ▶▶ストーリー 3	**28** うかぶ ▶▶ストーリー 2
36 持っている、 （食事を）とる ▶▶ストーリー 1, 2, 3, 4	**29** 例（たと）えば ▶▶ストーリー 1, 3
37 ～は どうですか ▶▶ストーリー 1	**30** ①自由な ②無料（むりょう）の ▶▶ストーリー 2, 4
38 どれくらいの～ ▶▶ストーリー 2	**31** 環境的（かんきょうてき）に やさしい ▶▶ストーリー 3

39 impact	46 live
40 important	47 living thing
41 industrial waste	48 long ago
42 instead of	49 look for
43 item	50 material
44 kind	51 mean
45 library	52 move out

46 生きる ▶▶ストーリー 2	**39** えいきょう ▶▶ストーリー 2
47 生きもの ▶▶ストーリー 2	**40** じゅう よう 重要な ▶▶ストーリー , 2, 31
48 昔の ▶▶ストーリー 4	**41** さん ぎょう　　ぶつ 産業はいき物 ▶▶ストーリー 4
49 さが 〜を探す ▶▶ストーリー 2, 3, 4	**42** 〜の代わりに ▶▶ストーリー 2
50 そ ざい 素材 ▶▶ストーリー 2, 4	**43** もの ▶▶ストーリー 1, 2, 3, 4
51 〜を意味する ▶▶ストーリー 1	**44** しゅ るい 種類 ▶▶ストーリー 1, 3, 4
52 引っこす ▶▶ストーリー 4	**45** 図書館 ▶▶ストーリー 4

53	natural material	60	painting
	▶▶ストーリー2		▶▶ストーリー4
54	nature	61	paper cup
	▶▶ストーリー2		▶▶ストーリー1
55	need (to)	62	paper plate
	▶▶ストーリー2, 3, 4		▶▶ストーリー1
56	new	63	plastic
	▶▶ストーリー2, 3, 4		▶▶ストーリー1, 2
57	number	64	plastic shopping bag
	▶▶ストーリー2		▶▶ストーリー2
58	old	65	plastic wrap
	▶▶ストーリー3		▶▶ストーリー2
59	over and over	66	refill
	▶▶ストーリー4		▶▶ストーリー2

67 **remake**	74 **returnable**
▶▶ストーリー3, 4	▶▶ストーリー4

68 **rent**	75 **returnable bottle**
▶▶ストーリー4	▶▶ストーリー4

69 **reopen**	76 **reusable**
▶▶ストーリー4	▶▶ストーリー1, 2

70 **repair**	77 **reusable bag**
▶▶ストーリー3.4	▶▶ストーリー1, 2

71 **repair shop**	78 **reuse**
▶▶ストーリー4	▶▶ストーリー1, 2, 3, 4

72 **repeatedly**	79 **reuse shop**
▶▶ストーリー1, 2, 4	▶▶ストーリー4

73 **return to**	80 **rule**
▶▶ストーリー2	▶▶ストーリー2

81	safety	88	take to
	▶▶ストーリー2		▶▶ストーリー4
82	second-hand goods	89	there is/are
	▶▶ストーリー3		▶▶ストーリー2, 3
83	sell	90	think about
	▶▶ストーリー3, 4		▶▶ストーリー1, 2, 3
84	soiled	91	today
	▶▶ストーリー3		▶▶ストーリー4
85	supermarket	92	towel
	▶▶ストーリー2		▶▶ストーリー3
86	tableware	93	town
	▶▶ストーリー1		▶▶ストーリー4
87	take a walk	94	trade with
	▶▶ストーリー4		▶▶ストーリー4

88 ～へ持っていく	**81** 安全に
▶▶ ストーリー 4	▶▶ ストーリー 2
89 ～がある	**82** 中古品
※ is は一つの時、are は二つ以上の時に使います。	
▶▶ ストーリー 2, 3	▶▶ ストーリー 3
90 ～について考える	**83** 売る
▶▶ ストーリー 1, 2, 3	▶▶ ストーリー 3, 4
91 今日<ruby>今<rt>こん</rt>日<rt>にち</rt></ruby>	**84** よごれた
▶▶ ストーリー 4	▶▶ ストーリー 3
92 タオル	**85** スーパーマーケット
▶▶ ストーリー 3	▶▶ ストーリー 2
93 まち	**86** 食器<ruby><rt>しょっき</rt></ruby>
▶▶ ストーリー 4	▶▶ ストーリー 1
94 ～と交かんする	**87** 散歩する<ruby>散<rt>さん</rt>歩<rt>ぽ</rt></ruby>
▶▶ ストーリー 4	▶▶ ストーリー 4

95 transform	**102** wash
96 type	**103** waste
97 uniform	**104** water bottle
98 unneeded	**105** wear
99 unused	**106** wood
100 used clothing	**107** wrapper
101 user	**108** You're right.

| 102 | 洗^{あら}う | 95 | 変身^{へんしん}させる |

102 洗う
▶▶ ストーリー 4

95 変身させる
▶▶ ストーリー 3, 4

103 ごみ
※家庭から出るごみは "garbage" と言うよ。
▶▶ ストーリー 2, 4

96 種類^{しゅるい}
▶▶ ストーリー 3

104 水^{すい}とう
▶▶ ストーリー 1

97 制服^{せいふく}
▶▶ ストーリー 3

105 着る
▶▶ ストーリー 3

98 不必要^{ふひつよう}な
▶▶ ストーリー 3, 4

106 木材^{もくざい}
▶▶ ストーリー 4

99 未使用^{みしよう}の
▶▶ ストーリー 3

107 包装^{ほうそう}
▶▶ ストーリー 2

100 古着
▶▶ ストーリー 4

108 その通^{とお}り。
▶▶ ストーリー 4

101 使用する人
▶▶ ストーリー 3